DOLL SEWING BOOK

HANON

— Licca —

SATOMI FUJII

contents

HANONの制作するドール服パターンは
初心者さんが縫製している時になにか違うかも?
と戸惑いながらも 完成させると出来てる! と
喜んで頂けるのがコンセプトです。

リカちゃんなど、1/6サイズ以下のドール服は
1ミリ以下の単位で重要なのですが
ドール服の縫製を楽しんで頂きたいので
少しくらいサイズがズレても
完成する喜びを重視してます。

HANONの世界観のドール服を
手軽にお試しできるので是非とも作ってくださいね。
心ゆくまでお楽しみください。

HANON 藤井里美

〈左〉バケットハット山型、ケープ、刺繍チュニック、ハンドバッグ大、ブーツ
〈右〉ケープ、コクーンコート、サロペット、ハンドバッグ大、ブーツ

コクーンコート（えり付き・ショート丈）、ブラウス（フリルえり）、
ティアードスカート（2段）、ハンドバッグ小

コクーンコート (えり付き)、巻きプリーツスカート、
ショルダーバッグ小、ブーツ

ベレー帽、チェスターコート、サロペット、トートバッグ

〈左〉ベレー帽、ブラウス（シャツえり）、チェスターコート
テーパードパンツ、ボディバッグ、ブーツ
〈右〉ブルゾン、ティアードスカート（2段）、ボディバッグ

バケットハット平型、パフスリーブワンピース（丸えり・長そで・ティアードスカート）、ベスト、トートバッグ、ブーツ

パフスリーブワンピース（長そで・スカートショート丈）、ショルダーバッグ小

〈左〉パフスリーブワンピース（平えり・半そで・身頃ショート丈・ティアードスカート）、ハンドバッグ小、ブーツ
〈右〉バケットハット平型、ブラウス（フリルえり・半そで）、ジレ、サロペット、ハンドバッグ小、ブーツ

刺繍チュニック、ティアードスカート（3段）、ショルダーバッグ大、ブーツ

〈左〉ブラウス（フリルえり・半そで）、テーパードパンツ、ハンドバッグ大、ブーツ
〈右〉ベレー帽、ブラウス（シャツえり・長そで）、巻きプリーツスカート、ブーツ

ベレー帽、ブラウス（フリルえり・半そで）、ベスト、
ティアードスカート（3段）、ショルダーバッグ小、ブーツ

刺繍チュニック（ショート丈）、ハーフパンツ、ショルダーバッグ小、ブーツ

Tools

ドール服作りをはじめるまえに、まずは道具を揃えましょう。
普通の洋裁ではあまり使わないツールも、小さなドール服を作るにあたっては
とても良い仕事をしてくれますので、おすすめです。

シルクリボン *Embroidery Silk Ribbon*
リボン刺繍用の3.5mm幅リボンは、しなやかで扱いやすく色数も豊富です。

刺繍糸 *Cotton Embroidery Floss*
DMCの25番糸を使用しています。

リッパー *Seam Ripper*
縫い目が曲がってしまったときは、これで潔く糸をカットしてやり直します。

鉗子 *Tweezers*
小さな布を表に返すときに大変便利な手芸用の小さな鉗子。

ゆびぬき *Thimble*
刺繍を入れたり、まつり縫いをするときに。

糸切りばさみ *Thread Scissors*
手縫い糸とミシン糸の端をカットします。

裁ちばさみ *Dressmaking Scissors*
切れ味が良く、細かい作業のできる小さめのはさみにしましょう。美鈴のキルトカットはさみを使っています。

目打ち *Tailor's Awl*
布を返したときに角を出したり、ミシンで縫うときに布を押さえるために使います。

糸 *Sewing Thread*
ミシンも手縫いも "TicTic PREMIER" を愛用しています。

手芸用ボンド *Fabric Glue*
仮止めには河口の布用ボンドを。しっかり止めたいときは、皮革用ボンドがおすすめ。

ほつれ止め液 *Fray Stopper*
河口のピケを愛用しています。裁断後、布端にこれを塗って処理します。

チャコペンシル *Tailor's Chalk*
薄い生地には滲みにくいカリスマファブリッククシャープペンシルを、普通地から厚手の生地にはコスモ社のチャコパー極細を、濃色の生地にはCLOVERのアイロンチャコペン白を、使い分けています。

アイロン *Iron*
先端が細くて薄い、クロバーのパッチワークアイロンを愛用しています。縫い代を割る、折り目をつける、皺を伸ばして整えるなど、各工程で使います。

縫い針 まち針 定規
Handsewing Needles, Dressmaker Pins, Ruler

Collarless Cocoon Coat

コクーンコート

肩からそでまでのなだらかなシルエットがフェミニンなコクーンコートは、
そでつけが無いので作り方はとても簡単。すそにタックを入れて丸く仕上げます。

薄地ウール	20cm×40cm
5mm スナップ	2組（お好みで）
3mm 飾りボタン	8〜10個（お好みで）

1

型紙を布地に写します。裁ち落とし線（外側の線）で裁断し、生地がほつれないよう布の端にほつれ止め液（ピケ）を塗ります。

2

前身頃と後ろ身頃の肩を中表に合わせて縫います（ミシン目約1.8mm）。ミシン目を切らないように縫い代に切り込みを入れます。

3

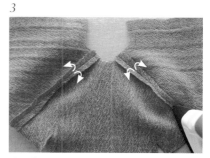

縫い代をアイロンで割ります。

4

そで口の縫い代をアイロンで折ります。

5

表からそで口に押さえステッチをします。

6

前あきの見返しを中表に折り、縫います。

7

見返しの縫い代の角を落とし、首まわりの縫い代に切り込みを入れます。

8

見返しを裏側へひっくり返し、角を綺麗に整えてアイロンをかけます。首まわりの縫い代をアイロンで裏側に折ります。

9

縫い代を布用ボンドで仮止めします。

10

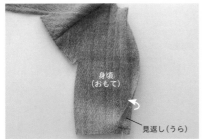

前あきのすその見返しを中表に折ります。

11

見返しを縫います。縫い代の角を落とします。

12

見返しを裏側へひっくり返し、角を綺麗に整えてアイロンをかけます。

13

前身頃と後ろ身頃のそで〜脇〜すそまでを中表に合わせます。

14

縫います。

15

ミシン目を切らないように脇の縫い代に切り込みを入れます。

16

そでの縫い代をアイロンで割ります。

17

そでを表に返して、脇の縫い代をアイロンで割ります。

18

すその縫い代をアイロンで折ります。

19

縫い代を布用ボンドで仮止めをします。

20

首まわり〜前あき〜すそ〜前あき〜首まわりまでをぐるりと一周押さえステッチをします。

21

押さえステッチが終わったところです。

22

アイロンで整えます。

23
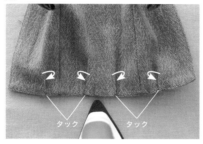
タック　　　　　タック

すそのタックをアイロンで折り、布用ボンドで仮止めをします。

24

手縫いですその部分のタックを縫い付けます。

25

タックを縫い終わったところです。

26

飾りのボタンやスナップを付けて完成です。
→スナップの付け方は P.103 を参考に

Flat Collar
フラットえり

大きなえりをつけて、可愛らしく。コートのすそはショート丈でタックなしのアレンジです。
厚めの生地の場合は、裏地は薄地〜普通地がおすすめです。

1

コクーンコート（ショート丈）とえりの型紙を生地に写して裁断し、生地がほつれないよう布の端にほつれ止め液（ピケ）を塗ります。

2

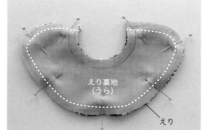

えりとえり裏地を中表に重ねて外側の出来上がり線を縫います（ミシン目約1.8mm）。

3

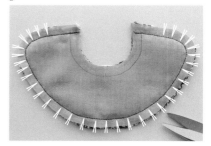

ミシン目を切らないように縫い代に細かく切り込みを入れます。

4

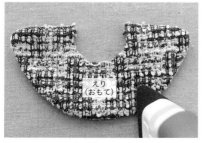

表に返し、カーブを鉗子などで整え、アイロンをします。

5

表から首まわり以外に押さえステッチをします。

6

えりの表側に首まわりの出来上がり線を描き写します。身頃にえりをのせてまち針でとめます。

7

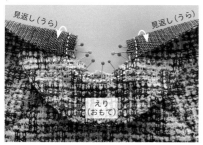

前あきの見返しを中表に折り、首まわりを縫います。

8

ミシン目を切らないように見返しの角を落とし、縫い代に切り込みを入れます。

9

見返しをひっくり返し、縫い代を裏側にしっかり折り、ボンドで仮止めしてからステッチで押さえます。あとは「コクーンコート」の工程10〜通り。

左はフラットえりをつけたアレンジ。
右はフラットえりにショート丈でタックなしで仕上げました。

Chester Coat

チェスターコート

コートの素材をコットンリネンに変えて、大きめのテーラードカラーで仕上げる
チェスターコート。スナップなしで仕上げて羽織らせても素敵です。

コットンリネン	20cm×40cm
5mm スナップ	2組（お好みで）
3mm 飾りボタン	8個（お好みで）

1

型紙を写して各パーツを裁断し、布端をほつれ止め液（ピケ）で処理します。えりは一つは布に写し、一回り大きめに裁断します。もう1枚同じサイズの裏地用の生地を用意します。

2

前身頃と後ろ身頃の肩を中表に縫い合わせます（ミシン目約1.8mm）。縫い代に切り込みを入れ、アイロンで割ります。

3

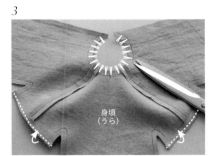

そで口の縫い代をアイロンで折って縫います。首まわりの縫い代に切り込みを入れます。

4

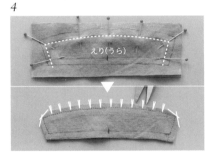

えり2枚を中表に重ねて首まわり以外を縫い、裁断します。ミシン目を切らないように角を落としてカーブに切り込みを入れます。

5

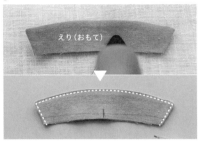

えりを表に返し、鉗子などで角を出してアイロンをします。首まわりの布端にほつれ止めをして、出来上がり線を描き写します。押さえステッチをします。

6

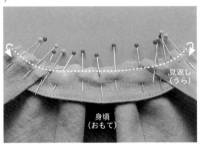

えりをまち針でとめます。

7

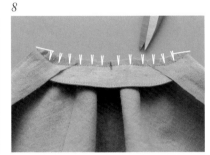

前あきの見返しを中表に折り、首まわりを縫います。

8

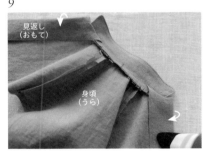

ミシン目を切らないように見返しの角を落とし、縫い代に切り込みを入れます。

9

見返しを表に返し、角を鉗子などで整えアイロンをします。えりの縫い代を裏側に折ります。

10

前身頃と後ろ身頃のそで〜脇〜すそまでを中表に合わせ、縫います。

11

ミシン目を切らないように脇に切り込みを入れ、縫い代をアイロンで割ります。そでを表に返します。

12

脇の縫い代をアイロンで割ります。

13

前あきの見返しのすそを中表に折ります。

14

縫います。ミシン目を切らないように角を落とします。

15

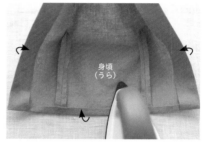

見返しを表に返し、角を鉗子などで整え、すその縫い代をアイロンで折ります。

16

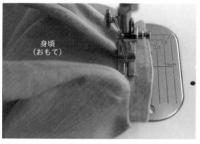

首まわり〜前あき〜すそ〜前あき〜首まわりまでをぐるりと一周押さえステッチをします。

17

押さえステッチが終わったところです。

18

えりをアイロンで整えて、完成。お好みでスナップや飾りのボタンを付けてください。
→スナップの付け方は P.103 を参考に

ベレー帽、チェスターコート、ブラウス、ティアードスカート（3段）、ブーツ

Cape
ケープ

大きなえりがクラシカルなケープです。裏地の差し色がポイントになりそう。
コクーンコートと共布で作って重ね着しても可愛いです。

薄地ウール	8cm×40cm
えり裏用綿ローン	8cm×12cm
0号スプリングホック	1組

1

型紙を写して各パーツを裁断し、生地がほつれないよう布の端にほつれ止め液（ピケ）を塗ります。

2

前身頃と後ろ身頃を中表に合わせます。

3

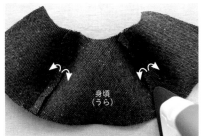

縫います（ミシン目約1.8mm）。ミシン目を切らないように縫い代に切り込みを入れます。

4

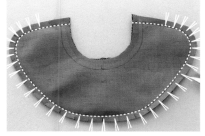

アイロンで縫い代で割ります。

5

えりとえり裏地を中表に合わせます。

6

外側の出来上がり線を縫います。ミシン目を切らないように縫い代に細かく切り込みを入れます。

7

表に返し、目打ちや鉗子などでカーブを綺麗に整えながらアイロンをします。

8

表から押さえステッチをします。

9

えりの表側に首まわりの出来上がり線を描き写します。身頃にえりをのせてまち針で止めます。

10

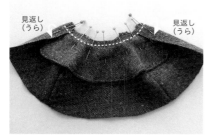

身頃の見返しを中表に折り、えりを縫い付けます。

11

ミシン目を切らないように見返しの縫い代の角を落とし、首まわりの縫い代に細かく切り込みを入れます。

12

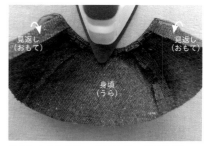

見返しを表に返し、えりの縫い代を裏側にアイロンでしっかりと折ります。

13

すその縫い代をアイロンで折ります。

14

布用ボンドを少しずつ付けて仮止めをします。

15

首まわり〜前あき〜首まわりまでぐるりと一周、押さえステッチをします。

16

押さえステッチが終わったところです。

17

前あきにホックを縫い付けます。

18

完成です。

ケープ、ブラウス（長そで）、テーパードパンツ、ブーツ、ハンドバッグ

Blouson Jacket
ブルゾン

シャカシャカした化繊ではなく、あえて素朴なリネン素材で作るブルゾン。
リブ用のニットは薄手のものが使いやすいです。スナップなしで開けて着せるのもおすすめです。

コットンリネン	18cm×26cm
リブ用ニット地	6cm×20cm
5mm スナップ	3組（お好みで）

1

型紙を写して各パーツを裁断し、端をほつれ止め液（ピケ）で処理します。

2

前身頃と後ろ身頃の肩を中表に合わせ、縫います（ミシン目約1.8mm）。

3

縫い代をアイロンで割ります。首まわりの縫い代に細かく切り込みを入れます。

4

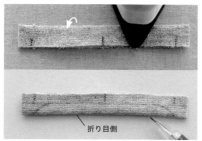

えりを半分に折ります。えりの縫い線を写します。

5

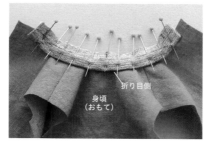

えりを身頃にのせてまち針で止めます。

6

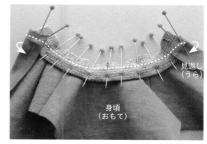

身頃の見返しを中表に折り、まち針で止めます。えりを縫い付けます。

7

ミシン目を切らないように見返しの角を落とします。

8

見返しを表に返して鉗子などで角を出し、アイロンで整えます。えりの縫い代を身頃側に倒します。

9

そで口にミシン目約2.5mm幅のギャザーミシンを1本入れます。
→ギャザーの縫い方はP.102を参考に

10

カフスの幅に合うまでギャザーを寄せ、ギャザーを整えてアイロンで押さえます。

11

カフスを半分にアイロンで折ります。

12

そで口とカフスを中表に合わせ縫います。

13

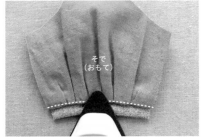

カフスの縫い代をそで側に倒し、ギャザーも整えます。表から押さえステッチをします。

14

そで山の印から印までミシン目約 2.5mm 幅のギャザーミシンを 1 本入れます。

15

身頃のそでぐりの幅に合わせてギャザーを寄せ、糸を結び、ギャザーをアイロンで整えます。

16

そで山と身頃のそでぐりを中表に合わせそでを縫います。

17

身頃にそでが付きました。縫い代をそで側に倒しアイロンで整えます。

18

後ろ身頃のすそのタックを布用ボンドで仮止めします。

19

前身頃のすそのタックも、布用ボンドで仮止めします。

20

前身頃と後ろ身頃を中表に合わせ、すそ～脇～そで口を縫います。

21

ミシン目を切らないように脇の縫い代に切り込みを入れます。

22

そでを表に返して、両脇の縫い代をアイロンで割ります。

23

すそのリブを中表に合わせて半分に折り、両脇を縫います。ミシン目を切らないように角を落とし，表に返してアイロンで整えます。

24

身頃のすそとリブを中表に合わせ、見返しも中表に折ります。

25

すそを縫い、ミシン目を切らないように角を落とします。

26

見返しを表に返して、鉗子などで角を整えアイロンで整えます。表から、首まわり～前あき～すそ～前あき～首まわりをぐるりと一周、押さえステッチをします。

27

お好みで前あきにスナップを付けてください。重ね着のコーディネイトを楽しみたい方はスナップ無しでOKです。
→スナップの付け方は P.103 を参考に

Blouse
ブラウス

肩を落としたシルエットで、そで付けがこれまでより格段に楽になった
ブラウスのパターンです。えりはワンピースと共通なので、お好きな形を選んでください。

60 綿ローン   20cm×30cm

1

型紙を写して各パーツを裁断し、端をほつれ止め液（ピケ）で処理します。えりは一対を布に写し、一回り大きめに裁断します。もう1枚同じサイズの裏地用の生地を用意します。

2

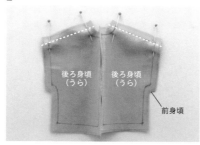

前身頃と後ろ身頃の肩を中表に合わせ、縫います。（ミシン目約1.8mm）

3

縫い代をアイロンで割ります。

4

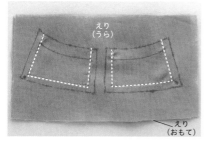

えり2枚を中表に重ねて外側の出来上がり線を縫い裁断します（えりだけミシン目約1.5mm）。

5

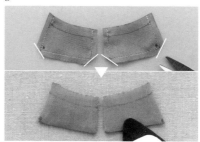

ミシン目を切らないように縫い代の角を落とし、表に返して鉗子などで角を出しアイロンで整えます。首まわりの布端にほつれ止めをします。

6

首まわりの縫い代に細かく切り込みを入れます。縫い代に布用ボンドを少し付けます。

7

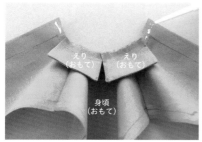

えりと身頃の中心を合わせ、左右対称を確認しながらえりを仮止めします。

8

後ろあきの見返しを中表に折り、布用ボンドで仮止めします。縫い線が消えていたら写します。

9

えりを縫います。ミシン目を切らないように見返しの角を落とし、縫い代に切り込みを入れます。

10

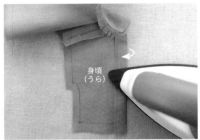

見返しを表に返し、鉗子などで角を整え、首まわりの縫い代もアイロンで裏側に倒します。えりの縫い代を身頃側にアイロンで倒します。

11

えりに折り目の線を写します。

12

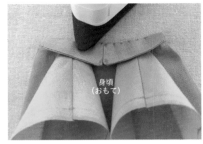

アイロンでしっかりと折ります。

13

表から、後ろあきのすそ〜首まわり〜後ろあきのすそ、まで押さえステッチをします。

14

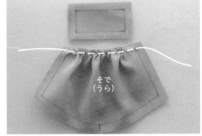

そで口に約2.2mm幅のギャザーミシンを1本入れ、カフスの幅に合わせてギャザーを寄せます。
→ギャザーの縫い方はP.102を参考に

15

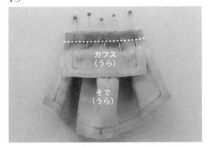

そで口とカフスを中表に合わせて縫います。

16

縫い代をカフス側にアイロンで倒し、カフスの縫い代も折ります。

17

縫い代に布用ボンドを付けて半分に折り、表から縫います。

18

そで山の縫い代にミシン目約2.2mm幅のギャザーミシンを1本します。身頃のそでぐり幅に合わせてギャザーを寄せ、糸を結びます。アイロンでギャザーを整えます。

19

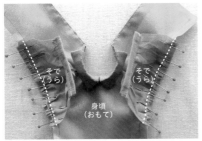

そで山と身頃のそでぐりを中表に合わせ縫います。

20

縫い代をそで側にアイロンで倒します。前身頃と後ろ身頃を中表に合わせ、すそ～脇～そで口まで縫います。

21

ミシン目を切らないように、脇に切り込みを入れます。

22

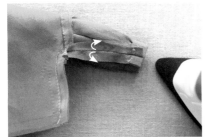

縫い代をアイロンで割ります。

23

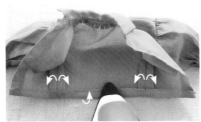

そでを表に返し、アイロンで脇の縫い代を割り、すその縫い代を折ります。

24

すその表から押さえステッチをします。後ろあきにスナップを付けて完成です。カフスをひじの上にあげて着用するとそでがぷっくりします。
→スナップの付け方は P.103 を参考に

---

arrangement
えりのアレンジ

Round Collar
丸えり

1

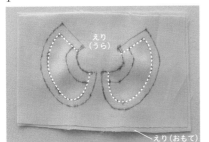

「ブラウス」の工程4で、えり2枚を中表に重ねて外側の出来上がり線を縫います（ミシン目約1.5mm）。えりを裁断します。

2

ミシン目を切らないように縫い代の角を落とし、カーブに細かく切り込みを入れ、表に返して鉗子などで角を出しアイロンで整えます。

3

身頃の首まわりの縫い代に布用ボンドを付けえりを仮止めし、見返しも中表に折り、えりを縫い付けます。丸えりの作り方はワンピースも共通です。

Frill Collar
フリルえり

えり付け初心者さんでも作りやすいフリルえりです。
ワンピースのえりにも共通で使えます。裏地用にナイロンシャーをご用意ください。

1

「ブラウス」の工程 3 の後、先にそでをつけてから、13cm×17cm に裁断したナイロンシャーと身頃を重ねて、後ろあき～首まわり～後ろあきを縫います。

2

写真のように裏地を裁断したら、後ろあきの見返しの角を落とし、首まわりの縫い代に切り込みを入れます。

3

裏地をひっくり返し、鉗子などで角を出しカーブを整えアイロンで押さえます。

4

フリルえりを中表に半分に折り、両端を縫います。両端の角を落とします。

5

表に返してアイロンで整え、縫い線を写したら、縫い代に約 2.5mm 幅のギャザーミシンを 1 本入れます。
→ギャザーの縫い方は P.102 を参考に

6

身頃の首まわりの幅に合わせてギャザーを寄せ、糸を結びギャザーを均等にし、アイロンで整えます。

7

布用ボンドでえりを身頃の首まわりに仮止めします。表から見て均等になっているか確認しましょう。

8

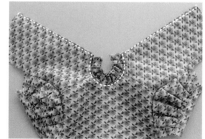

表から、すそ～首まわり～すそまでを縫います。

9

フリルえりの完成です。あとは「ブラウス」の工程 4 ～の通り仕上げます。丸えりの作り方はワンピースも共通です。

黒色は平えり、ピンクは丸えりで、ともに長そでの型紙です。
白色と薔薇柄はフリルえりと半そでの型紙で作りました。

Puff Sleeve Dress

パフスリーブワンピース

脇にゆとりのあるゆったりしたデザインで、そで付けがこれまでより簡単なワンピースです。
えり、そで、着丈、スカートを組み合わせてお好みのスタイルに仕上げてください。

60綿ローン	30cm×40cm
	［スカートをティアードにする場合は 20cm×100cm］
裏地（共布かナイロンシャー）	13cm×17cm
5mmスナップ	2組

1

型紙を写して各パーツを裁断し、布端をほつれ止め液（ピケ）で処理します。

2

前身頃と後ろ身頃の肩を中表に合わせ、縫います。（ミシン目約 1.8mm）

3

縫い代をアイロンで割ります。

4

裏地用に 13cm×17cm くらいに裁断した共布かナイロンシャーを用意し、身頃を中表に合わせます。

5

後ろあきのすそ～首まわり～後ろあきのすそまでを縫います。

6

裏地を写真のように裁断します。共布の場合、身頃にピケが付かないように注意しながらほつれ止めをします。

7

ミシン目を切らないように首まわりの縫い代に細かく切り込みを入れ、見返しの角も落とします。

8

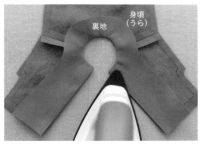

裏地をひっくり返し、鉗子などで角とカーブを整えてアイロンで押さえます。

9

表から後ろあきのすそ～首まわり～後ろあきのすそまで押さえステッチをします。

10

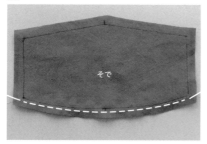

そで口の縫い代にミシン目約 2.2mm 幅の
ギャザーミシンを 1 本入れます。
→ギャザーの縫い方は P.102 を参考に

11

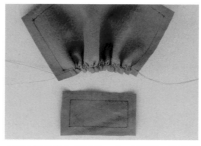

カフス幅に合わせてギャザーを寄せ、糸を結
びアイロンでギャザーを整えます。

12

そで口とカフスを中表に合わせ縫います。

13

縫い代をカフス側にアイロンで倒します。

14

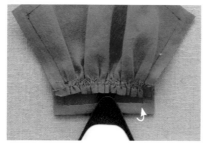

カフスの縫い代を折ります。

15

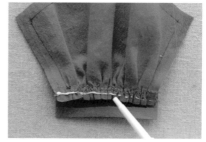

布用ボンドを付け、カフスを半分に折ります。

16

表から押さえステッチをします。

17

そで山の縫い代にミシン目約 2.2mm 幅の
ギャザーミシンを 1 本します。

18

身頃のそでぐり幅に合わせてギャザーを寄せ、
糸を結びます。

19

アイロンでギャザーを整えます。

20

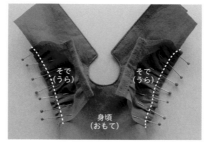

そで山と身頃のそでぐりを中表に合わせ縫います。

21

縫い代をそで側にアイロンで倒します。

22

前身頃と後ろ身頃を中表に合わせ、すそ〜脇〜そで口まで縫います。

23

ミシン目を切らないように、脇に切り込みを入れます。そでの縫い代をアイロンで割ります。

24

そでを表に返し、脇の縫い代をアイロンで割ります。

25

身頃が完成です。

26

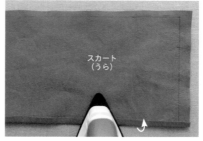

スカートのすその縫い代をアイロンで折ります。

27

スカートのすそに押さえステッチをします。

28

ウエストの縫い代に、ミシン目約 2.5mm 幅のギャザーミシンを 2 本入れます。

29

身頃のウエストの幅とスカートの出来上がり線の幅を合わせてギャザーを寄せ、均等にギャザーを整えてからアイロンで押さえます。

30

身頃のウエストとスカートを中表に合わせて縫います。スカートの両端の縫い代は身頃よりはみ出しています。

31

縫い代を身頃側にアイロンで倒します。

32

スカート後ろあきの縫い代を、ウエストからあき止まりの下辺りまで斜めにアイロンで折ります。

33

表から、後ろあき～身頃のウエスト～後ろあきに押さえステッチをします。

34

後ろあきを中表に合わせて「あき止まり」からすそまでを縫います。

35

縫い代をアイロンで割ります。

36

表に返して、スナップを付けて完成です。カフスをひじの上にあげて着用するとそでがぷっくりします。
→スナップの付け方は P.103 を参考に

Pin Tuck & Flat Collar

ピンタックと平えり

前身頃にピンタックを入れるアレンジです。えりなしでも、平えりをつけても。

1 〈ピンタック〉

使用したい型紙よりも大きめなサイズの布を用意します。

2

布目に沿ってアイロンで折ります。

3

折り目からお好みの幅に縫い線を引きます。（写真は折り目から4mmです）

4

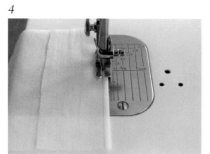

縫い線の上を縫います。

5

縫い終わったところです。

6

布を開き、先ほど縫った折り目をアイロンで倒します。

7

同じように布目に沿って、お好みの幅にアイロンで折ります。（写真は先ほどの縫い線より1cmの場所を折りました）

8

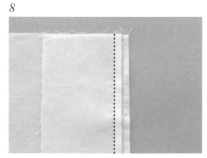

工程3のように縫い線を引き、折り目から4mmの位置を縫います。

9

布を開き、先ほど縫った折り目をアイロンで倒します。

10

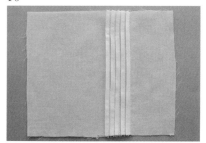

折り、縫い、開くのを繰り返して、ピンタック
を縫い終わったところです。

11

型紙を写します。

12

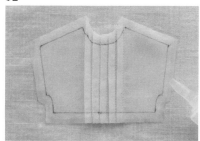

裁断し、布端にピケを付けてほつれ止めをし
ます。

13

ピンタックの完成です。

1 〈平えり〉

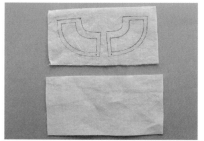

えりは一対を布に写し、一回り大きめに裁断し
ます。もう1枚同じサイズの裏地用の生地を
用意します。

2

2枚を中表に重ねて外側の出来上がり線を縫
います。（ミシン目約1.5mm）

3

えりを裁断します。ミシン目を切らないように角
を落とし、縫い代に細かく切り込みを入れます。

4

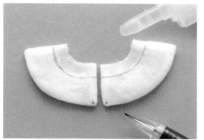

表にひっくり返し、目打ちや鉗子などで角とカーブを整えアイロンをします。縫い代にピケを付けてほつれ止めをし、縫い線を写します。前側が分かるように印も入れています。

5

身頃の首まわりの縫い代に布用ボンドを少し付けます。

6

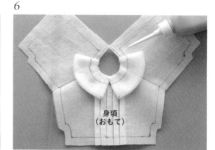

えりと身頃の中心を合わせ、左右対称を確認しながらえりを仮止めします。

7

後ろあきの見返しを中表にし、布用ボンドで仮止めします。縫い線が消えていたら写します。

8

えりを縫い付け、ミシン目を切らないように見返しの角を落とし、縫い代に細かく切り込みを入れます。

9

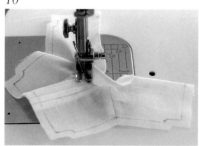

後ろあき見返しを表に返し、鉗子などで角を出し、首まわりの縫い代を裏側にアイロンで倒します。

10

表から、後ろあきのすそ〜首まわり〜後ろあきのすそ、まで押さえステッチをします。

11

アイロンで整え、えり付けの完成です。平えりの作り方はブラウスも共通です。

12

「ワンピース」の工程10〜を参考に、そでをつけます。ここでは半そでの型紙を使いました。

Tiered Skirt

ティアードスカート

スカートを 2 段ティアードにするアレンジです。ギャザーの練習におすすめです。

1

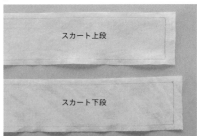

ティアード用の布を用意し、布端をほつれ止め液（ピケ）で処理します。

2

下段に使用するすその縫い代をアイロンで折ります。

3

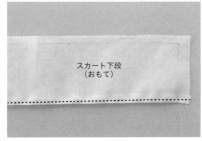

すそに押さえステッチをします（ミシン目約1.8mm）。

4

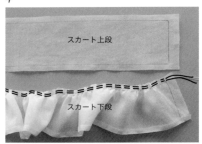

縫い代にミシン目約 2.5mm 幅のギャザーミシンを 2 本入れ、上段の布幅に合うようにギャザーを寄せ糸を結びます。
→ギャザーの縫い方は P.102 を参考に

5

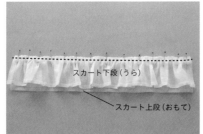

ギャザーを均等に整え、アイロンでギャザーを押さえて、上段の布と中表に合わせ縫います。

6

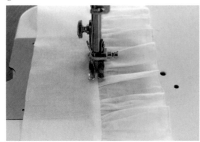

縫い代を上側にアイロンで倒し、表から押さえステッチをします。

7

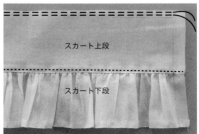

押さえステッチができたら、上段の縫い代にミシン目約 2.5mm 幅のギャザーミシンを 2 本入れます。

8

身頃のウエストの幅に合うようにギャザーを寄せて糸を結びます。ギャザーを均等に整え、アイロンで押さえます。

9

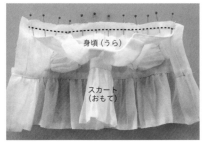

身頃のウエストとスカートを中表に合わせて縫います。スカートの両端の縫い代は身頃よりはみ出しています。あとは「ワンピース」の工程 31 〜の通りに完成させます。

青色と白色はともに平えり、半そで、ショート丈身頃の型紙を使いました。
黒色は丸えりと長そでの型紙です。3つともティアードスカートで作りました。

Embroidery Gathered Dress
刺繍チュニック

お好きな刺繍を入れてからそでを作り始めるチュニックです。
肩とえりぐりにそれぞれギャザーを入れて、身頃にたっぷりゆとりを持たせました。

60綿ローン	20cm×60cm
刺繍糸	お好みで
5mmスナップ	2組

1

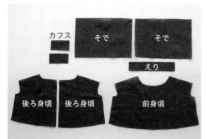

型紙を写し各パーツを裁断します。そではひとまわり大きく荒裁ちした生地に型紙を描き写します。

2

そで以外のパーツは、生地がほつれないよう布端にほつれ止め液（ピケ）を塗っておきます。

3

そでの型紙の図案を参考に、お好みで刺繍していきます。刺繍糸は一本取りにしています。

4

針先に刺繍糸を2回巻いてフレンチノットステッチをします。

5

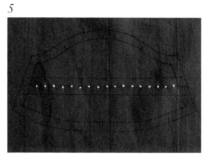

フレンチノットステッチができたところです。

6

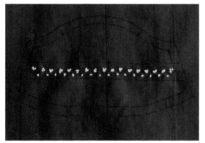

先ほどのフレンチノットの上に、2個ずつフレンチノットステッチをします。

7

その間にフレンチノットステッチをします。

8

上のラインにはバックステッチをします。少し細かったので、2本目を重ねるように入れます。

9

下のラインにはバックステッチを1本とフレンチノットステッチをします（お好みでアレンジしてください）。

10

そでを裁断し、布端をほつれ止め液（ピケ）で処理します。

11

前身頃の肩の縫い代にミシン目約 2.2mm 幅のギャザーミシンを 1 本します。
→ギャザーの縫い方は P.102 を参考に

12

後ろ身頃の肩の縫い代にミシン目約 2.2mm 幅のギャザーミシンを 1 本します。

13

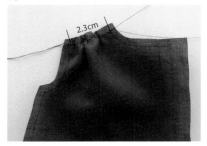

出来上がり線から出来上がり線までが 2.3cm 幅になるまでギャザーを寄せます。

14

ギャザーを寄せたら糸を結び、アイロンで押さえます。

15

前身頃の肩のギャザーを寄せたところです。

16

後ろ身頃の肩のギャザーを寄せたところです。

17

前身頃と後ろ身頃の肩を中表に合わせて縫います（ミシン目は約 1.8mm）。

18

縫い代をアイロンで割ります。

19

前身頃
（おもて）
後ろ身頃
（おもて）

表から押さえステッチをします。

20

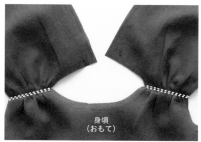

身頃
（おもて）

押さえステッチをし終わったところです。

21

首まわりの縫い代にミシン目約 2.5mm 幅の
ギャザーミシンを 2 本入れます。

22

身頃

えりに合わせてギャザーを寄せて糸を結びま
す。えりの印に肩の合わせ目と前中心が来る
ようギャザーを整えてアイロンで押さえます。

23

えり（おもて）

身頃
（うら）

えりと身頃を中表に合わせます。前中心、後
ろの出来上がり線、肩の合わせ目にまち針を
打ちます。

24

ギャザーが均等になるよう隙間にもたくさんま
ち針を打ち、出来上がり線を縫います。

25

えり（うら）

身頃
（おもて）

縫い代が 3mm 幅になるように裁断します。

26

えり（うら）

身頃
（うら）

縫い代をえり側にアイロンで倒します。

27

えりの縫い代を裏側に折り、縫い代に布用ボ
ンド付けます。

28

身頃
（うら）

アイロンで折ります。

29

身頃
（おもて）

表から押さえステッチをします。

30

そで口の縫い代にミシン目約 2.5mm 幅の
ギャザーミシンを 1 本入れます。

31

カフスの幅に合わせてギャザーを寄せます。糸
を結びギャザーをアイロンで整えます。

32

カフス（うら）

そで
（おもて）

そで口とカフスを中表に合わせて縫います。

33

縫い代を 3mm 幅になるように裁断します。

34

縫い代をカフス側に倒し、カフスの縫い代を
アイロンで折ります。

35

縫い代に布用ボンドを付けます。

36

カフスを折ります。

37

表から押さえステッチをします。

38

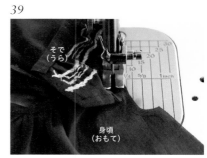

そで山の縫い代の印から印までにミシン目約2.2mm幅のギャザーミシンを1本します。身頃のそでぐり幅に合わせてギャザーを寄せて糸を結び、アイロンでギャザーを整えます。

39

そで山と身頃のそでぐりを中表に合わせながら縫います。

40

そでを縫い付け終わりました。

41

縫い代をそで側にアイロンで倒します。前身頃と後ろ身頃を中表に合わせ、すそ〜脇〜そで口まで縫います。

42

ミシン目を切らないように、脇に切り込みを入れます。

43

そでの縫い代をアイロンで割ります。

44

そでを表に返し、脇の縫い代をアイロンで割ります。

45

後ろあきの縫い代をアイロンで折ります。

46

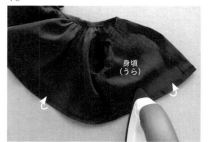

すその縫い代をアイロンで折ります。

47

後ろあき〜すそ〜後ろあきまで押さえステッチ
をします。

48

後ろあきのえりの縫い代の端をまつり縫いで
押さえます。

49

後ろあきのすそから「あき止まり」までを縫い
ます。

50

縫い代をアイロンで割ります。

51

表に返します。

52

水に濡らして自然乾燥させると、くたっとした
風合いに仕上がります。

53

後ろあきにスナップを付けて完成です。
→スナップの付け方は P.103 を参考に

バケットハット山型、刺繍チュニック、テーパードパンツ、ブーツ、ショルダーバッグ大

Gilet

ジレ

前身頃と後ろ身頃を縫い合わせるだけの簡単なパターンです。
前あきでジレとして、後ろあきにしてエプロンとしてスタイリングをお楽しみください。

60 綿ローン　　　　　18cm×50cm
3.5mm幅シルクリボン　30cm

1

型紙を写して各パーツを裁断し、布端をほつれ止め液（ピケ）で処理します。

2

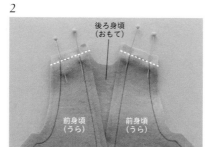

中表に肩を合わせて縫います。（ミシン目約1.8mm）

3

縫い代をアイロンで割ります。

4

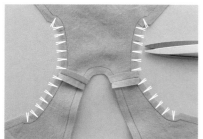

そでぐりに切り込みを入れます。

5

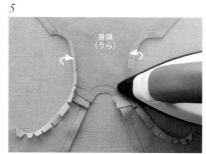

縫い代をアイロンで折ります。

6

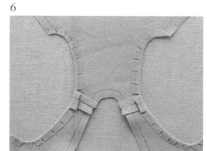

布用ボンドを少しずつ付けて仮止めします。

7

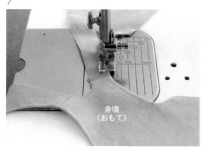

そでぐりに表から押さえステッチをします。

8

首まわりの縫い代に切り込みを入れます。

9

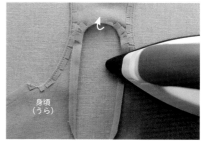

縫い代をアイロンで折ります。

10

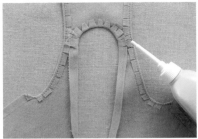

布用ボンドを少しずつ付けて仮止めします。

11

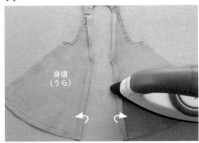

前あきの縫い代をアイロンで折ります。

12

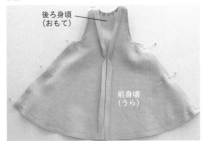

前身頃と後ろ身頃を中表に合わせます。

13

縫います。

14

すその縫い代をアイロンで折ります。

15

縫い代の角は表に縫い代がはみ出さないよう直角に折ります。

16

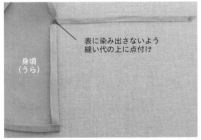

シルクリボンを15cmにカットし前あきに布用ボンドで仮止めします。リボンの端はピケでほつれ止めをします。

17

首まわり〜前あき〜すそ〜前あき〜首まわりまで、ぐるりと押さえステッチをします。

完成です。お好みで水に濡らして自然乾燥させると、くたっとした風合いに仕上がります。

ブラウス（丸えり・長そで）、ジレ、テーパードパンツ、ブーツ、トートバッグ

Vest
ベスト

総裏地で仕上げる、ちょっぴり上級者向けのベストです。
カーブに細かい切り込みを入れて先に折っておくのが上手に作るポイントです。

コットンリネン	12cm×25cm
裏地用綿ローン	12cm×25cm
5mmスナップ	2組
飾りボタン、ビーズ	お好みで

1

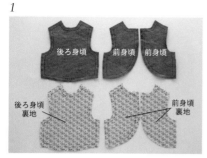

型紙を写して各パーツを裁断し、布端をほつれ止め液（ピケ）で処理します。

2

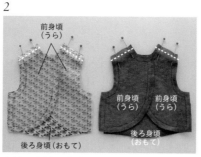

表地と裏地の前身頃と後ろ身頃の肩をそれぞれ中表に合わせ、縫います（ミシン目約1.8mm）。

3

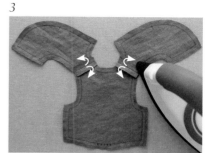

表地と裏地の縫い代をアイロンで割ります。

4

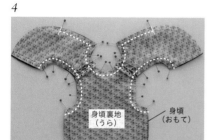

表地と裏地を中表に合わせ、そでぐりと前あきの印〜首まわり〜前あきの印までをそれぞれ縫います。

5

ミシン目を切らないように角を落とし、カーブに細かく切り込みを入れます。

6

縫い代をアイロンで裏地側に折ります。

7

鉗子を使って布を傷つけないように少しずつ表に返します。

8

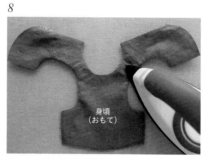

角とカーブを鉗子で整えて、アイロンをします。

9

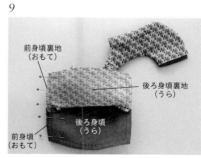

前身頃と後ろ身頃の表地同士の脇を中表に合わせ、まち針でとめます。同様に前身頃と後ろ身頃の裏地同士の脇も中表に合わせ、まち針でとめます。

10

後ろ身頃裏地（おもて）　　後ろ身頃裏地（おもて）

前身頃裏地（うら）　　前身頃裏地（うら）

前身頃（うら）　　前身頃（うら）

後ろ身頃（おもて）

表地どうしの脇、裏地同士の脇をそれぞれ縫い合わせます。

11

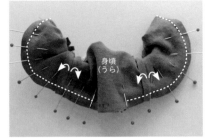

身頃（うら）

表と裏の脇の縫い代をアイロンで割ります。表地と裏地を中表に合わせて、まち針でとめ、左右の前開きから返し口の印までを縫います。

12

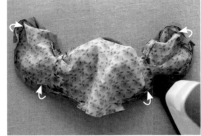

縫い代の角を落とし、カーブに切り込みを入れます。アイロンで縫い代を裏地側に折ります。

13

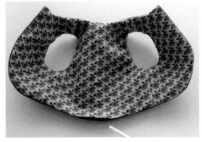

鉗子を使い、返し口から少しずつ表に返します。角やカーブを整えてアイロンをします。返し口を布用ボンドで仮止めします。

14

首まわり〜すそ〜首まわりまでをぐるりと一周押さえステッチをします。そでぐりも押さえステッチをします。

15

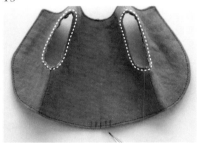

後ろ身頃のすそにタックの印をうつします。

16

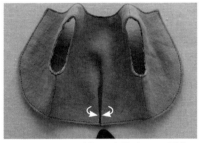

アイロンでタックを折り、布用ボンドで仮止めをします。

17

手縫いでタックのすその部分を縫い止めます。

18

前あきにスナップと飾りのビーズを付けて完成です。
→スナップの付け方は P.103 を参考に

ブラウス (フリルえり・半そで)、ベスト、ハーフパンツ、ブーツ、ボディバッグ

Tiered Skirt

ティアードスカート

ワンピースやコートの重ね着のコーディネートにも活躍する
バランスのよい良い丈のスカートです。

60綿ローン 20cm×64cm
5mmスナップ 1組

1

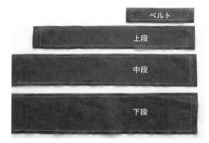

型紙を写して各パーツを裁断し、布端をほつれ止め液（ピケ）で処理します（写真は3段の場合）。

2

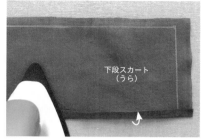

下段のスカートのすその縫い代をアイロンで折ります。

3

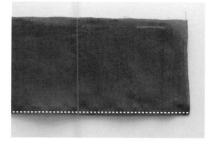

すそに押さえステッチをします（ミシン目約1.8mm）。

4

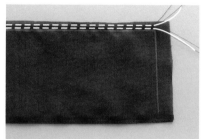

縫い代にミシン目約2.5mm幅のギャザーミシンを2本します。
→ギャザーの縫い方はP.102を参考に

5

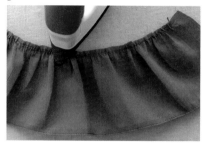

その上に付けるスカートの幅に合わせてギャザーを寄せ、糸を結びギャザーを整えてアイロンで押さえます。

6

中段スカートを中表に合わせ、縫います。

7

縫い代をアイロンで上側に折ります。

8

表から押さえステッチをします。

9

上側の縫い代にミシン目約2.5mm幅のギャザーミシンを2本します。その上に付けるスカートの幅に合わせてギャザーを寄せ、糸を結びギャザーを整えてアイロンで押さえます。

10

スカートを中表に合わせて縫います。縫い代を上側に倒します。

11

縫い代にミシン目約 2.5mm 幅のギャザーミシンを 2 本します。ウエストベルトの幅に合わせてギャザーを寄せ、糸を結びます。アイロンでギャザーを整えます。

12

ウエストベルトと中表に合わせて縫います。縫い代をウエストベルト側にアイロンで倒します。

13

ウエストベルトの縫い代をアイロンで折り、布用ボンド付けて仮止めします。

14

表からウエストベルトに押さえステッチをします。

15

スカートの後ろあきの縫い代をアイロンで折り、縫います。

16

スカートを中表に合わせて、後ろあきの印からすそまでを縫います。

17

縫い代をアイロンで割ります。

18

後ろあきにスナップを付けて完成。お好みで水に濡らし自然乾燥させるとクタっとした風合いに仕上がります。
→スナップの付け方は P.103 を参考に

Point 〈スナップの付け方〉

使用する布の厚みによってはウエストのサイズが変わるので、ドールにトップスを着せスカートを着せてみてウエストのサイズを確認し、スナップをつけます。

バケットハット（山型）、刺繍チュニック、ティアードスカート（3段）、ブーツ

Pleated Wrap Skirt

巻きプリーツスカート

四角い生地に折り目をつけて、巻き付けて完成させるプリーツスカートです。
ベルトの幅は、バックルの内径幅に合わせて調整してください。

リネン	20cm×40cm
革または合皮	3cm×5cm
4mm×6mm バックル	1個
5mm スナップ	2組

1

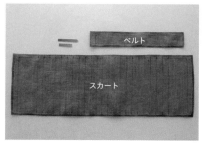

型紙を写して各パーツを裁断し、革以外の布端にほつれ止め液（ピケ）で処理します。

2

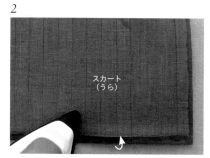

スカートのすその縫い代をアイロンで折ります。

3

スカートの両端の縫い代もアイロンで折ります。

4

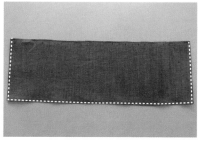

両端〜すそ〜両端を表から押さえステッチをします（ミシン目約1.8mm）。

5

プリーツを折ります。

6

「ピシッとライナー」を吹き付けます（ない場合は水を吹きかけてください）。

7

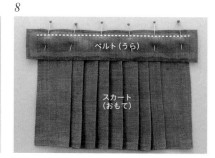

当て布をしながらアイロンをするとしっかりと折り目が付きます。

8

ウエストベルトとスカートを中表に合わせ縫います。

9

縫い代をウエストベルト側に倒し、ウエストベルトの両端の縫い代をアイロンで折ります。

10

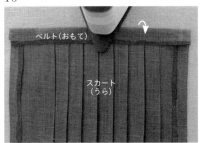

ウエストベルトの縫い代をアイロンで折ります。

11

表からウエストベルトに押さえステッチをします。

12

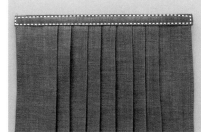

縫い終わったところです。

13

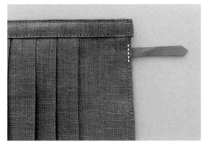

革のベルトを布用ボンドで仮止めし、縫います。
縫いにくい場合は手縫いをします。

14

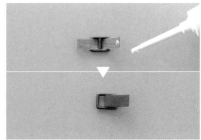

バックルに革ベルトを通し、ボンドでとめます。

15

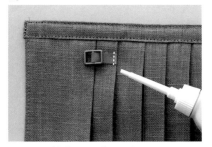

スカートに仮止めし、縫います。

16

スナップをつけます。
→スナップの付け方は P.103 を参考に

Point 〈スナップの付け方〉
使用する布の厚みによってはウエストのサイズが
変わるので、ドールにトップスを着せスカートを
巻いてみてウエストのサイズを確認し、スナップ
をつけます。

17

裏から見るとこんな感じです。

18

完成です。

ブルゾン、ブラウス（フリルえり）、巻きプリーツスカート、ハンドバッグ小

Tapered Pants

テーパードパンツ

パンツの上下にタックを入れた、ゆったりシルエットのパンツです。
仮止めのボンドは少量で大丈夫。縫い代内で点付けしてください。

コットンリネンまたは 60 綿ローン　18cm×30cm
5mm スナップ　　　　　　　　　　1 組

1

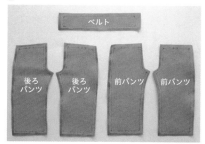

型紙を写して各パーツを裁断し、布端をほつれ止め液（ピケ）で処理します。

2

左右の前パンツの股上を中表に合わせ、縫います（ミシン目約1.8mm）。

3

ミシン目を切らないように縫い代のカーブに細かく切り込みを入れます。

4

縫い代をアイロンで割ります。

5

前パンツと後ろパンツの両脇を中表に合わせて縫います。

6

縫い代をアイロンで割ります。

7

すそのタックをアイロンで折り、布用ボンドを付けて仮止めをします。

8

すその縫い代をアイロンで折ります。

9

縫い代を布用ボンドで仮止めします。

10

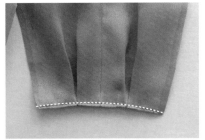

すそに表から押さえステッチをします。

11

パンツのウエストのタックをアイロンで折り、布用ボンドで仮止めをします。

12

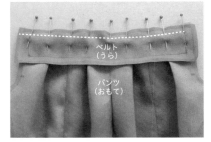

ウエストベルトとパンツを中表に合わせて縫います。

13

縫い代をウエストベルト側に倒します。

14

ウエストベルトの縫い代をアイロンで折ります。布用ボンドで仮止めします。

15

表からウエストベルトに押さえステッチをします。

16

後ろパンツのあきの印に切り込みを入れます。

17

縫い代をアイロンで折ります。

18

表から押さえステッチをします。

19

後ろパンツを中表に合わせて、後ろパンツの股上を縫います。縫い代に切り込みを入れます。

20

縫い代をアイロンで割ります。

21

前パンツと後ろパンツの股下を中表に合わせて縫います。

22

ミシン目を切らないように股に切り込みを入れます。

23

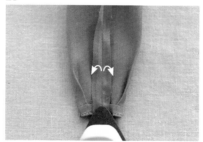

縫い代をアイロンで割ります。

24

表に返してスナップを付けて完成です。
→スナップの付け方は P.103 を参考に

Point 〈スナップの付け方〉
使用する布の厚みによってはウエストのサイズが変わるので、ドールにトップスを着せ、パンツを履かせてウエストのサイズを確認し、スナップをつけます。

Half Pants

ハーフパンツ

テーパードパンツとほぼ同じ作り方のハーフパンツ。
すそのタックは前パンツ側だけ。後ろはフラットに仕上げます。

コットンリネン　　15cm×30cm
5mmスナップ　　2組

1

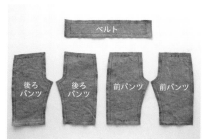

型紙を写して各パーツを裁断し、布端をほつれ止め液（ピケ）で処理します。

2

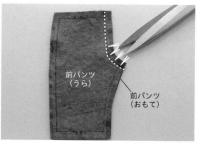

左右の前パンツの股上を中表に縫い合わせます（ミシン目約1.8mm）。縫い代に切り込みを入れます。

3

縫い代をアイロンで割ります。

4

前パンツと後ろパンツの両脇を中表に合わせて縫います。

5

縫い代をアイロンで割ります。

6

タックをアイロンで折り、布用ボンドを付けて仮止めをします。

7

ウエストベルトとパンツを中表に合わせて縫います。

8

縫い代をウエストベルト側に倒します。

9

ウエストベルトの縫い代をアイロンで折り、布用ボンドで仮止めします。

10

表からウエストベルトに押さえステッチをします。

11

前パンツのすそのタックをアイロンで折り、布用ボンドで仮止めします。すその縫い代をアイロンで折ります。

12

表から押さえステッチをします。

13

後ろパンツのあきの印に切り込みを入れます。

14

縫い代をアイロンで折ります。表から押さえステッチをします。

15

後ろパンツを中表に合わせて、後ろパンツの股上を縫います。縫い代に切り込みを入れます。縫い代をアイロンで割ります。

16

前パンツと後ろパンツの股下を中表に合わせて縫います。ミシン目を切らないように股の縫い代に切り込みを入れます。

17

縫い代をアイロンで割ります。

18

表に返してスナップを付けて完成です。
→スナップの付け方は P.103 を参考に

Point〈スナップの付け方〉
使用する布の厚みによってはウエストのサイズが変わるので、ドールにトップスを着せ、パンツを履かせてウエストのサイズを確認し、スナップをつけます。

ブラウス（平えり・長そで）、ジレ、ハーフパンツ、ブーツ、ショルダーバッグ小

Overalls

サロペット

パンツのすそにギャザーを寄せた、ルーズフィットなサロペット。
ミシンで縫うのが難しいところは、手縫いで仕上げましょう。

コットンリネン　　20cm×30cm
5mm スナップ　　1組

1

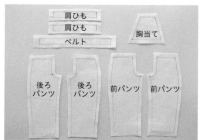

型紙を写して各パーツを裁断し、端をほつれ止め液（ピケ）で処理します。

2

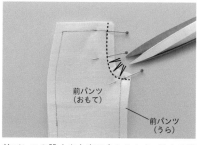

前パンツの股上を中表に合わせます。股上を縫います（ミシン目約1.8mm）。ミシン目を切らないように、カーブの部分に切り込みを入れます。

3

縫い代をアイロンで割ります。

4

前パンツと後ろパンツの両脇を中表に合わせて縫います。

5

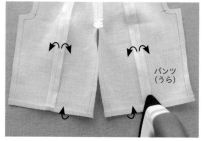

脇の縫い代を割り、すその縫い代をアイロンで折ります。

6

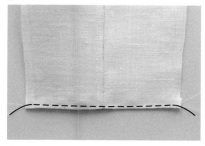

すそにミシン目約2.5mm幅のギャザーミシンを1本入れます。
→ギャザーの縫い方はP.102を参考に

7

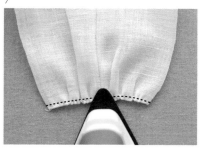

出来上がり線から出来上がり線までが5cmになるまでギャザーを寄せます。糸を結びギャザーを均等に整えアイロンで押さえて、表から押さえステッチをします。

8

ウエストベルトとパンツを中表に合わせ縫います。

9

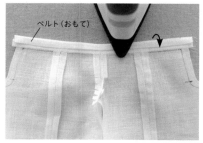

縫い代をベルト側に倒します。アイロンでベルトを裏側に倒し、布用ボンドで仮止めします。

10

肩ひもの両端の縫い代を折ります。

11

肩ひもを真ん中で折ります。布用ボンドで縫い代を仮止めします。

12

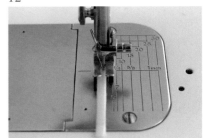

縫います。(手縫いでも大丈夫です)

13

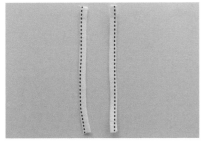

2本の肩ひもができました。

14

胸当て(うら)

胸当てのウエスト以外の縫い代をアイロンで折ります。

15

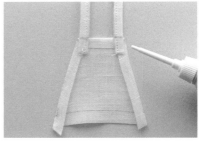

肩ひもを布用ボンドで仮止めします。

16

胸当て(おもて)

表から押さえステッチをしながら肩ひもの部分も一緒に縫います(肩ひもの部分が硬いので手縫いでも大丈夫です)。

17

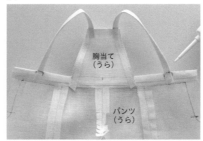

胸当て(うら)

パンツ(うら)

パンツのウエストベルトに肩ひもの付け位置の印を書き、胸当てと肩ひもを布用ボンドで仮止めします。

18

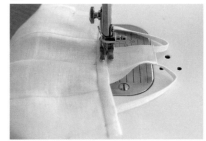

表からウエストベルト部分を縫います(硬い部分もあるので手縫いでも大丈夫です)。

19

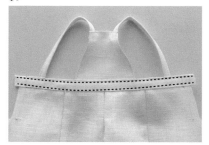

縫い終わったところです。

20

後ろパンツのあき印のところに切り込みを入れます。

21

縫い代を内側にアイロンで折ります。

22

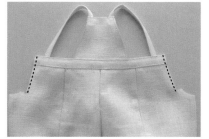

後ろあきを縫います。

23

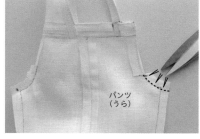

後ろパンツの股上を中表に合わせ縫います。切り込みを入れます。

24

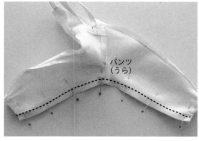

前パンツと後ろパンツを中表に合わせて縫います。

25

ミシン目を切らないように股下に切り込みを入れます。

26

股下の縫い代をアイロンで割ります。

27

表に返してスナップを付けて完成です。
→スナップの付け方は P.103 を参考に

Point 〈スナップの付け方〉

使用する布の厚みによってはウエストのサイズが変わるので、人形にトップスを着せてからサロペットを着用し、ウエストサイズを確認しながらお好みの場所にスナップを付けてください。

Bucket Hat

バケットハット

柔らかな生地で作る、ソフトなバケットハットです。
山になった形と、サイドが平らな形の、2種類の型紙をご用意しました。

コットンリネン　　18cm×30cm
5mmスナップ　　1組

1 〈バケットハット山型〉

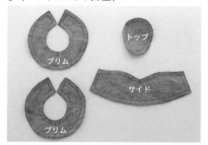

型紙を写して各パーツを裁断し、布端をほつれ止め液（ピケ）で処理します。

2

サイドを中表に合わせて縫います（ミシン目約1.8mm）。

3

縫い代をアイロンで割ります。

4

上部の縫い代に切り込みを入れます。

5

トップとサイドを中表に合わせて縫います。

6

ミシン目を切らないようにサイドの縫い代に細かく切り込みを入れます。

7

表に返して、アイロンで整えます。

8

ブリムを中表に合わせ、縫います。

9

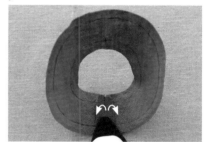

縫い代をアイロンで割ります。

10

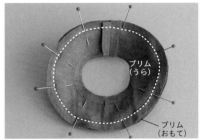

ブリム
(うら)

ブリム
(おもて)

表と裏のブリムを中表に合わせて縫います。

11

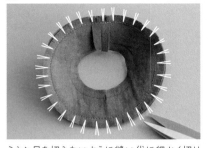

ミシン目を切らないように縫い代に細かく切り
込みを入れます。

12

アイロンで縫い代を折ります。

13

表に返して、綺麗な円になるようにアイロンで
整えます。

14

外側に押さえステッチをします。

15

縫い代に切り込みを入れます。

16

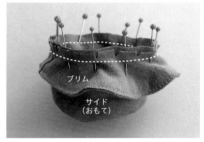

ブリム

サイド
(おもて)

ブリムとサイドを中表に合わせ、縫います。

17

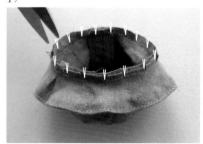

ミシン目を切らないように縫い代に細かく切り
込みを入れます。縫い代をサイド側にアイロン
で倒します。

18

アイロンで整え完成です。

1 〈バケットハット平型〉

型紙を写して各パーツを裁断し、布端をほつれ止め液（ピケ）で処理します。

2

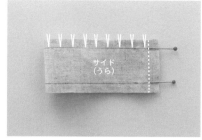

サイドを中表に合わせて縫います（ミシン目約1.8mm）。縫い代を割り、上部の縫い代に切り込みを入れます。

3

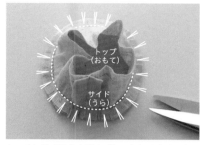

トップとサイドを中表に縫い合わせます。トップの縫い代に細かく切り込みを入れます。

4

表に返してアイロンで整えます。

5

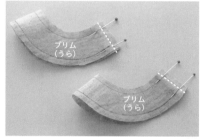

ブリムを中表に合わせ、縫います。縫い代をアイロンで割ります。

6

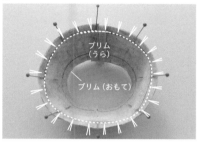

表と裏のブリムを中表に合わせて縫います。縫い代に切り込みを入れて表に返し、アイロンで整えます。

7

表から押さえステッチをします。

8

ブリムとサイドを中表に合わせ、縫います。ミシン目を切らないように縫い代に切り込みを入れます。縫い代をサイド側にアイロンで倒します。

9

アイロンで整えて、お好みで飾りのリボンなどを付けて完成です。

＊イヤリングとネックレスはイメージです

Beret
ベレー帽

2つのパーツのフェルトを縫い合わせるだけのベレー帽です。
柔らかすぎるフェルトを使うと被り口が広がりやすいのでご注意ください。

フェルト　10cm×12cm

1

型紙を写して各パーツを裁断します。フェルトで作るので、ほつれ止め処理（ピケ）はいりません。

2

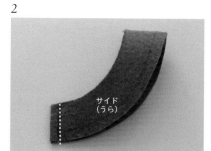

サイドを中表に合わせて縫います（ミシン目約1.8mm）。

3

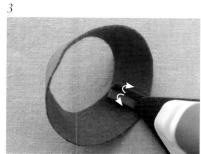

縫い代をアイロンで割ります。

4

トップとサイドを中表に合わせます。

5

ぐるりと一周縫います。

6

ミシン目を切らないように縫い代に細かく切り込みを入れます。

7

表に返します。

8

完成です。

9

百均などの薄く柔らかすぎるフェルトは広がってしまうことがあるので、多少硬さのあるフェルトがおすすめです。

Various Bag
バッグ

コーディネートの仕上げや差し色として使えるのがバッグです。
はさみとボンドで工作感覚で作れる、6つのバッグ型紙をご紹介いたします。

革や合皮	10cm×20cm
3mm 丸カン	2個
バックルや装飾パーツ	お好みで
チェーン	お好みで

1 〈ハンドバッグ〉

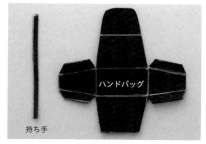

持ち手

型紙を写して各パーツを裁断します。

2

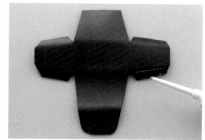

全ての折り目を付けてから、1箇所ずつ縫い代にボンドを付けます。

3

一度に全ての縫い代にボンドをつけると組み立てにくいので、1箇所ずつボンドを付けて組み立てていきます。

4

中に綿などを少し入れて、形を整えます。

5

ふたの部分にボンド付けます。

6

両サイドのパーツを折り込みながらふたを閉じます。

7

持ち手のパーツの両端に丸カンを通し、ボンドを付けて折り返してとめます。

8

針と糸でバッグ本体に縫い付けます。

9

バックルや小さなパーツなど飾り付けて完成です。

1 〈トートバッグ〉

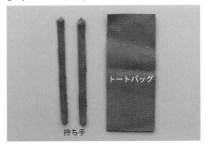

型紙を写して各パーツを裁断します。

2

トートバッグ本体を外表に折り、薄紙を敷き両脇を縫い合わせます。

3

敷いた薄紙を破いて取り出します。

4

薄紙を取り外す際は、ミシン糸が引っ張られないようにミシン目に沿って慎重に破きます。

5

持ち手の裏面の中央部に接着剤をつけ、両端を残して貼り合わせます。

6

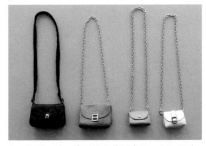

持ち手の両端の裏面に接着剤をつけ、トートバッグ本体に貼り付けます。

7 〈ショルダーバッグ〉

ショルダーバッグ型紙の作り方は、ハンドバッグの作り方を参考に。チェーン類は実際にリカちゃんに着せて長さを調節します。

8 〈ボディバッグ〉

ボディバッグの作り方もハンドバッグの工程を応用してください。ベルトはバッグ裏面にボンドで接着します。

〈上〉ベレー帽、ショルダーバッグ小、ハンドバッグ小、ショルダーバッグ大、バケットハット山型
〈下〉ハンドバッグ大、ブーツ、トートバッグ　〈右上から〉バケットハット平型、ボディバッグ、ショルダーバッグ小

Boots & Socks
ブーツ & ソックス

1冊目の HANON で好評だったブーツを簡略化し、ミシンのステッチやポンチ穴なしで
仕上げる新しいデザインです。ソックスをチラ見せして履かせてください。

本体用の薄い革	10cm×10cm	両面テープ	適宜
靴底用の厚い革	6cm×4cm	手芸綿	適宜
厚紙	3cm×3cm	3.5mm幅シルクリボン	60cm
中敷用の生地	4cm×4cm	ソックス用薄地ニット	10cm×10cm
		(厚地だとくつがはけなくなるのでご注意ください)	

1 〈ブーツ〉

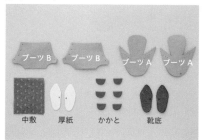

型紙を写して各パーツを裁断します。中敷用の布は約4cm×4cmです。

2

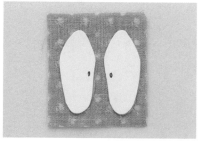

中敷の厚紙に両面テープを貼り、カットします。厚紙を中敷用の布に貼ります。厚紙に合わせて布を切ります。

3

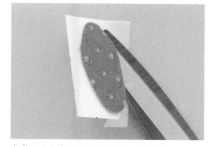

中敷のもう片面にも両面テープを貼り、カットします。

4

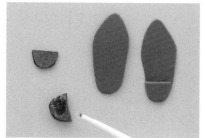

かかとのパーツにボンドを付け3枚ずつ重ね、靴底にボンドで貼りつけます。

5

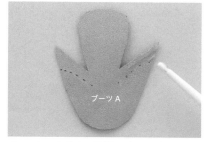

ブーツAの点線より外側にボンドを付けます。

6

ブーツAの点線とブーツBのカーブを合わせて貼り付けます。

7

反対側も貼り付け、写真のようにします。

8

ブーツBのかかとに細かいぐしぬいをします。

9

糸をぎゅっと引っ張りギャザーを寄せ糸を結びます。

10

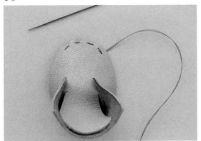

パーツAのつま先に細かいぐしぬいをします。

11

中敷の裏側の両面テープを剥がし、中敷を包み込むようにかかとを入れ込みます。

12

中敷に合わせてつま先を包み込むように糸を引っ張ります。糸を結んで切ります。

13

底面にボンドを付けます。

14

靴底をしっかりと貼り付けます。

15

少しの綿に布用ボンドをしっかりと染み込ませます。

16

先ほどの綿を小さく丸めます。

17

鉗子で綿をつま先に入れ、つま先の形を整えます。しっかりと乾燥させます。

18

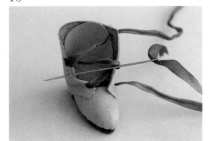

リボンを通す箇所に目打ちなどで穴を開け、リボンを通します。

19

リボンの端はピケを付けてほつれ止めをします。ブーツの完成です。

1 〈ソックス〉

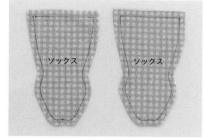

ソックスはニットなどの伸びる素材と、ニット用のミシン糸を使います。型紙を写し、各パーツを裁断します。

2

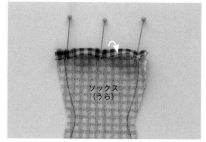

ソックスの履き口の縫い代を折ります。

3

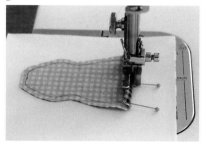

コピー用紙などの薄い紙を敷いて履き口を一緒に縫います（ミシン目は約1.8mm）。

4

紙を慎重に破り、ソックスを紙から外します。

5

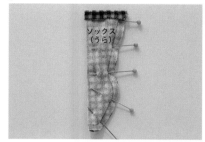

中表に合わせて、同じように紙を敷いて縫います。

6

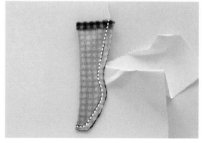

紙を破り、ソックスを紙から外します。

7

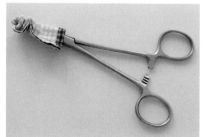

鉗子で表に返します。

8

完成です。

Gather
ギャザー

スカート、そで、えりなどに寄せる、ギャザーの作り方です。

1

ミシンの目盛りを調節し、縫い目の幅を2〜2.5mmに設定します。

2

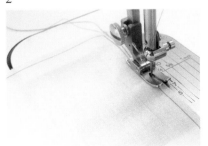

縫い始まりと終わりは返し縫いをせず、縫い代の真ん中あたりを縫います。

3

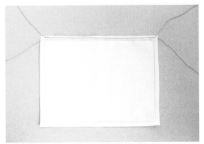

両端の糸は引っぱりやすいように15cmほど残します。

4

1本目の縫い位置のすぐ隣に、2本目を平行に縫います。

5

上糸どうし、下糸どうしに分けます。

6

上糸2本だけを引っぱり、ギャザーを寄せます。寄せる距離が長い場合は両側から、短い場合は片側を結んで反対側から引っぱります。

7

必要な長さまでギャザーを寄せたら、上糸どうしを結びます。下糸も同様に結びます。反対側も同じように結び、ギャザー幅を固定します。

8

ギャザーの間隔を整えて、アイロンで押さえます。

9

ギャザーの完成です。縫い代のギャザーの糸が残るのが気になる場合は、糸を抜いても良いです。

Snap
スナップ

衣装の仕上げはスナップ付け。掲載作品は5mmスナップを使用しています。

1

縫い糸は2本取りで、スナップの凹の方を始めに付けます。

2

ひとつの穴に2針ずつ刺します。

3

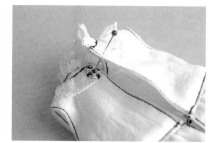

後ろ中心の重なりを確認しながら、まち針を凹の中心に来る場所に刺します。

4

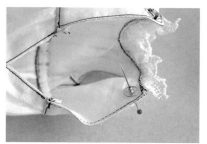

スナップの凸の中心に先ほどのまち針を刺します。

5

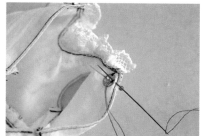

まち針を刺したまま、2穴くらい縫います。

6

その後はまち針を取り外し、残りの穴を縫います。

7

下の凹のスナップを付けたら、上のスナップをはめて、重なりを確認しながらまち針を3のように刺します。

8

凸のスナップも付けて完成!

SHOP LIST

〈ノムラテーラー〉
京都の四条に本店のある、関西屈指の品揃えの生地屋さんです。私の好きなリネンの種類が多く、観光気分を味わえる立地にあるのも魅力の一つです。
https://www.nomura-tailor.co.jp

〈オカダヤ〉
実店舗とオンラインの品揃えも豊富で、私がよく使うリネンやコットン以外にもドールサイズに最適な生地がたくさんあります。ドール用の資材の取り扱いがあるのでチェックしてみてください。
https://www.okadaya.co.jp

〈HANON online〉
HANON オリジナルのドールにピッタリな小さな柄の縫いやすいコットンローン生地をたまに販売しております。ドールサイズの洋服キットも販売中です。
https://hanonclub.com

〈Pb'-factory〉
ドール用資材に特化したショップ。極細リボンや4mm オリジナルボタン、バックルやスナップなど、小さいサイズの服を作るために必要な資材を豊富に取り揃えています。
https://www.pb-factory.jp

〈Atelier Matin Online Shop〉
ドール用として流通している資材より、さらに小さなバックルやメタルボタンなどを個人製作して販売しているお店です。ドール用ソファやサンダルのキットなども人気です。
http://ateliermatin.shop-pro.jp

〈貴和製作所〉
ボタンのように小さなビーズを使ったり、バッグの飾り用にアクセサリーのパーツなど、見方を変えるとドールサイズに使えるものがたくさんあります。
https://kiwaseisakujo.jp

ご注意ください

お使いの資材によっては、生地や部材の色が人形のボディに色移りする可能性があります。人形に衣装を着せたままにしない、人形と衣装を重ねて保管しないようにしてください。

著者：藤井里美

撮影：葛貴紀、田中麻子 (uNdercurrent)

デジタルトレース：久助ユカリ

編集：鈴木洋子

デザイン：田中麻子 (uNdercurrent)

協力：株式会社タカラトミー
https://licca.takaratomy.co.jp/
リカちゃん公式SNS @bonjour_licca

DOLL SEWING BOOK
HANON —Licca—

2024年1月18日 初版発行

著者　　藤井里美
発行人　松下大介
発行所　株式会社ホビージャパン
〒151-0053 東京都渋谷区代々木 2-15-8
TEL. 03-5304-9114（編集）
　　　03-5304-9112（営業）
印刷所　大日本印刷株式会社